Los bomberos

Laura K. Murray

semillas del saber

CREATIVE EDUCATION • CREATIVE PAPERBACKS

Publicado por Creative Education y Creative Paperbacks
P.O. Box 227, Mankato, Minnesota 56002
Creative Education y Creative Paperbacks son marcas
editoriales de The Creative Company
www.thecreativecompany.us

Diseño de Ellen Huber
Producción de Grant Gould
Dirección de arte de Rita Marshall
Traducción de TRAVOD, www.travod.com

Fotografías de Alamy (Aircraft crash and fire, Vastram),
Getty (Johner Images, Valerie Loiseleux, Maskot, Siwabud
Veerapaisarn/EyeEm), iStockphoto (kali9, nightman1965,
okanmetin), Shutterstock (Bellchalerm, Gorodenkoff, Kite_
stockfoto, LaKirr, potowizard, Prath, sraphotohut, Suchatbky,
thekovtun, urbans, Marianne Venegoni)

Library of Congress Cataloging-in-Publication Data. Names:
Murray, Laura K., author. Title: Los bomberos / Laura K
Murray. Other titles: Firefighters. Spanish. Description:
Mankato, Minnesota : Creative Education and Creative
Paperbacks, 2023. | Series: Semillas del saber | Includes
bibliographical references and index. | Audience: Ages 4-7 |
Audience: Grades K-1 | Summary: "Early readers will learn
how firefighters help in an emergency. Full color images and
carefully leveled text highlight what firefighters do, where
they work, and how they help the community"-- Provided
by publisher. Identifiers: LCCN 2022007336 (print) | LCCN
2022007337 (ebook) | ISBN 9781640267046 (library binding)
| ISBN 9781682772607 (paperback) | ISBN 9781640008458
(pdf). Subjects: LCSH: Fire fighters--Juvenile literature.
Classification: LCC HD8039.F5 M87818 2023 (print) | LCC
HD8039.F5 (ebook) | DDC 363.37023--dc23/eng/20220215.
LC record available at https://lccn.loc.gov/2022007336.
LC ebook record available at https://lccn.loc.gov/2022007337

TABLA DE CONTENIDO

¡Hola, bomberos!

Los bomberos ayudan en las emergencias. Acuden a donde hay accidentes.

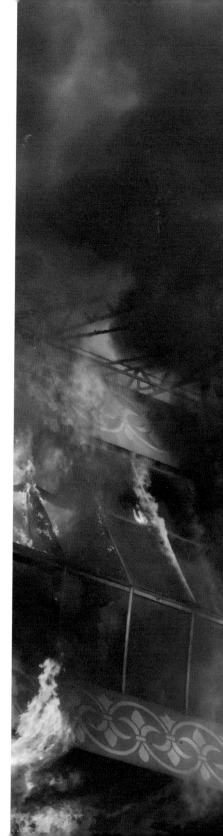

Ellos apagan los incendios. Mantienen a las personas a salvo.

Los bomberos trabajan en la estación de bomberos.

Allí duermen y comen. Están listos para ayudar.

Los bomberos conducen camiones de bomberos.

Estos tienen escaleras, mangueras y otras herramientas. También tienen sirenas ruidosas.

Los bomberos
enseñan a la
gente cómo
estar a salvo.
Nos enseñan
cómo evitar
provocar un
incendio en
el bosque.

La ropa especial les ayuda a mantenerse a salvo.

Usan casco y botas. Una máscara les dan aire.

Los bomberos
corren a ayudar.

Ellos rocían el fuego con agua o espuma. Ayudan a las personas heridas.

¡Gracias, bomberos!

Visualiza a un bombero

tanque de oxígeno

máscara

manguera

bota

casco

guante

escalera

21

Palabras para saber

espuma: una mezcla espesa hecha de pequeñas burbujas; ayuda a apagar incendios

estación de bomberos: lugar donde se guardan los camiones de bomberos y las herramientas

máscara: cubierta para la cara

sirena: la parte de un vehículo que hace sonidos fuertes de alerta